Josef Behlert

Nachlese

– Gedankensplitter –

JOSEF BEHLERT

Nachlese

– Gedankensplitter –

Sentenz-Verlag

Bibliografische Information Der Deutschen Bibliothek
Die Deutsche Bibliothek verzeichnet diese Publikation in der Deutschen Nationalbibliografie; detaillierte bibliografische Daten sind im Internet über http:/dnb.ddb.de abrufbar.

Satz, Umschlaggestaltung, Herstellung: Books on Demand GmbH, Norderstedt

ISBN 978-3-934998-08-7

Inhalt

Vorwort

Das Büchlein enthält Aussagen, die vielleicht den einen oder anderen ansprechen können. Sie sind als Denkanstöße zu sehen. –

Es ist wie im Kaufladen, der »Kunde« bestimmt und entscheidet, was er möchte. Ein Teil soll auch nur der Unterhaltung dienen.

Bunte Welt

Großstadtleben

Ich gehe durch die Straßen der Großstadt,
- wirres Treiben, Menschenströme,
quirlig, ungeordnet - hin- und hertreibend,
scheinbar ziellos;
gelegentlich unterbrochen durch rot-grün-gelbe Verkehrs-
signale.
Teilweise abbröckelnd durch Verschwinden Einzelner in
Hauseingänge und Kaufläden,
- sich auffüllend aus gleichen Richtungen.
Vorbeihuschende fremde, teilnahmslose Gesichter,
- kontaktloses Miteinander in grauer Menschenmasse.
Doch jeder Einzelne Individuum mit persönlicher Prä-
gung, eigenen Empfindungen, eigenem Schicksal
- erst wahrnehmbar in der Vereinzelung.

Das Wissen hierum sollte Achtung und Verantwortung
füreinander bewusster machen.

Welttheater

Ichbezogenheit, Konventionen, Zwänge und Abhängigkeiten verstellen uns den Blick für das Wesentliche, machen uns zu Gefangenen einer vermeintlich komplizierten Welt.

Der gerade und einfache Weg wird oft nicht gegangen. Eitelkeiten beherrschen uns. Das Ansehen unserer Person darf nicht Schaden nehmen;
Irrtum daher ausgeschlossen, nur nicht nachgeben und keine Schwäche zeigen!

So wird das Leben zur Bühne, auf der jeder seine Rolle spielt. – Und doch kommen Ängste auf: Ob wir es schaffen werden?

Unsere Sinne sind stumpf, unser Horizont eng.
– Nur gelegentlich zerbricht der Panzer, mit dem wir uns selbst umgeben haben, und wir spüren einen Hauch der Göttlichkeit, mit der alles erfüllt ist.

Das sind zum Beispiel die Augenblicke, in denen wir einfach und ohne Beschönigung eingestehen:

dass wir uns egoistisch und hartherzig verhalten haben, dass wir schwach sind und Angst haben – doch auch, wenn wir um Verzeihung bitten und uns gleichzeitig von der allumfassenden Liebe Gottes überwältigt fühlen.

Turmbau zu Babel

Worte für Begriffe sind austauschbar geworden, verknüpfen keinen Sinn mehr mit allgemeingültigen Vorstellungen. Hochtrabende, komplizierte Wortschöpfungen im öffentlichen Sprachgebrauch werden allgemein nicht mehr verstanden – Unsicherheit kommt auf; wir wissen nicht mehr, was gemeint ist, meinen nicht mehr ein und dasselbe.

So ist z. B. trotz Hochrüstung Nachrüstung notwendig – Abrüstung erfordert zunächst Aufrüstung; Angriffswaffen sind Verteidigungswaffen. Die Aufstellung von neuen Raketen ist zu Verteidigungszwecken unumgänglich, um der Bedrohung durch Raketen der anderen Seite zu begegnen.

Die Todesgrenze wird Friedensgrenze genannt – Unterdrückung wird als Befreiung dargestellt. Bekundete Friedensliebe wird mit Propaganda abgetan – heldenhafter Freiheitskampf sind Aktionen feiger Konterrevolutionäre – Kampf gegen Unterdrückung und Ungerechtigkeit ist Störung des friedlichen Aufbaus. Kritik an Unfähigkeit der Regierung sind Profilierungsattacken der Opposition – Blockaden von Straßen werden als gewaltloser Widerstand bezeichnet – Einsatz der Ordnungskräfte sind brutale Übergriffe des Staates.

Ungehemmter Profitgier der Unternehmer stehen maßlose Forderungen der Arbeitnehmer gegenüber. Rationalisierung ist notwendig, um Arbeitsplätze zu erhalten – Entlassungen sind dabei leider nicht zu vermeiden. Stopp des Raubbaus an der Natur und alternative Lebensweisen gefährden unseren Lebensstandard, der nur durch Erschließung neuer Ressourcen sichergestellt werden kann.

Großräumige Verwaltungsstrukturen fördern die Effektivität – verursachen Basisverlust, Erschwernisse und Anonymität. Die Verkabelung vergrößert den Freiheitstraum des Einzelnen – bringt ihn in unerträgliche Abhängigkeit und führt zur Unmündigkeit. Soziales Engagement ist vordergründiges Imponiergehabe. Gutgemeinte Gegenvorschläge bedeuten Konfrontation. Liebenswürdigkeit ist Verstellung und Verbergung der wahren Absichten – Anteilnahme ist Heuchelei.

DER TURM KANN SO NCIHT WEITERGEBAUT WERDEN! WIR VERSTEHEN EINANDER NICHT MEHR; GLEICHE WORTE HABEN VERSCHIEDENE BEDEUTUNGEN GEWONNEN.

Sandkastenspiele

Zunächst einmal wird eine Sandburg gebaut mit Türmen und Gängen und einem dicken Befestigungswall. Durch den Burggraben fließt Wasser. Die Burg hat auch Ritter und Pferde.
Doch dann hat der Erbauer eine andere Idee; er reißt alles wieder ein. Das, was er gebaut hatte, besteht nur noch als Bild in ihm – wie andere Bilder. Der »Ur-Stoff« Sand – Erde ist in seine Grundform zurückgefallen – formlos. Auch die Ritter und Pferde haben ihre Konturen verloren – sind wieder eins mit dem Grundstoff.

Nun wird eine Kuhle ausgehoben; es entsteht ein großes Gewässer, ein Meer. Das Meer hat auch Fische und Schiffe mit Kapitänen, die vorher Ritter und Pferde waren. Aber irgendwann zerfällt auch dieses »Bild«. Doch keine Sorge – es geht nichts verloren, sodass das Spiel mit endlosen Varianten weitergehen kann.

Vielfalt

Es gibt sie, die einfältigen, pragmatischen »Selbstgestrickten« und die »Hochsensiblen«. Für alle ist Platz, und alle haben ihre Bedeutung. Wie sonst ließe sich unsere Welt mit ihrer Vielfalt erklären. Wenn alles gleichgeordnet, reglementiert wäre, würde unser Dasein dem Anspruch des Lebens nicht gerecht werden. Leben bedeutet Vielfalt, Bewegung und Veränderung.

Baum-Saga

Der Baum hat alle Anlagen zu einem prächtigen Exemplar, ist gut gegründet und verwurzelt; muss er auch sein. Er muss vielen Anfechtungen und Herausforderungen widerstehen. Er wird gerüttelt und geschüttelt, wird hin- und hergerissen, verliert an Substanz, Äste und Blätter. Doch er widersteht, wird neugeboren zu neuer Pracht – grünt und blüht, lässt alle Drangsal hinter sich und verheißt neues Leben. Sein Vorteil: Er war gut gegründet, um zu widerstehen.

Dieses Bild passt zu anderen Bildern. Auch wir unterliegen den Varianten eines universellen Lebensablaufs. Wir müssen sie nur erkennen und uns ohne Vorbehalt und Illusion einrichten. Wir müssen gut »gegründet« sein.

Alles fließt

Wie der Regentropfen an der Scheibe, der seine Individualität nicht ausleben kann, ohne den Anschluss an den großen Fluss – der zum Meer führt – zu verlieren, so währet unser Leben. Wir müssen unsere empfundene Eigenständigkeit als Teil eines Ganzen wieder aufgeben. Die Distanz zwischen dem vermeintlichen Beginn und dem Ende macht unser individuelles »kleines Leben« aus. Alles ist fließend, ist nur Episode in einem großen Spiel.

Sichtweisen

Sorry!

Die stärksten Ausprägungen von Leben sind die »Fresssucht« und der Fortpflanzungstrieb. Es sind archaische Elemente, die fortwährendes Leben sicherstellen. Das, was sich da sonst noch »eingeschlichen« hat, sind Erkenntnisse, die das Überleben fördern; aber nicht nur. Es ist auch Fortentwicklung.

Diese platte Feststellung mag manchen sensiblen Naturen simpel erscheinen. Sie ist aber Fakt und lässt sich bei realistischer Situationseinschätzung nicht ignorieren.

Zustandsbeschreibung

Unser individuelles Leben ist vorrangig auf Gründung und Fortbestand unserer Existenz ausgerichtet. Es ist ein Konkurrenzverhalten, das andere Optionen zunächst ausklammert. Erst später erkennen wir die Spielräume. Sie werden aber nicht umfassend genug genutzt, sodass unser Leben allgemein sehr egozentrisch und eingegrenzt verläuft. Die Kreierung und Praktizierung eines allgemeinen Konsenses findet nur begrenzt Zustimmung und ist nur schwer vermittelbar.
Ganz anders ist die Resonanz beim Beklagen der uns umgebenden »miserablen« Zustände. Man will es nicht wahrhaben und erfährt auch wenig Zustimmung mit der Feststellung, dass wir uns immer mehr dem Schizophrenen bedienen. Wir sind dafür, wenn es um die Sache geht – »aber warum gerade bei uns? Wir stimmen der Forderung zu mehr zwischenmenschlicher Beziehung zu – doch wir haben schon genug getan, jetzt sind erstmal die anderen dran.«

Positives Wirken muss permanent sein, darf sich keine Auszeit nehmen. In unserer individualisierten Welt scheint uns der Konsens mit dem Ganzen verloren zu gehen. Wir müssen zu ihm zurückfinden, unserer selbst willen.

Zwiespalt

Die von uns vielfach beklagte Welt ist ein Spiegelbild unseres Selbst. Wir können uns in vielen Bereichen wiedererkennen, »Abnormitäten« sind uns vom Grundsatz her abhold. Dennoch huldigen wir diesen Erscheinungen – vielleicht unbewusst – durch heimlichen »Voyeurismus«. Wir sind der Markt, der sich für spektakuläre – auch negative und abnorme – Verhaltensweisen auftut. Positive Nachrichten finden im Allgemeinen nicht die ihnen gebührende Resonanz. Vielleicht verläuft unser allgemeines Leben zu wohlgeordnet, sodass wir zu leicht Andersartigkeiten erliegen, um Leben umfassender zu erfahren. – Oder ist es der heimliche Diabolus, der in uns allen steckt?

Einschätzung

Erstaunlich ist die Ignoranz, mit der intellektuelle Erkenntnisse beiseite geschoben werden, wenn sie nicht ins Bild passen. Wir können es einfach nicht wahrhaben wollen, dass all unser Tun und Lassen begrenzt ist. Was uns treibt, ist der ungeheure Drang zur Selbstverwirklichung. Und dennoch: es wäre gut, sich auf unsere Begrenztheit einzustellen.

Der Beitrag

Wir sind fasziniert von dem strahlenden Blütenkranz der Passionsblume. Sie lässt für den Augenblick vergessen, und doch währt ihre Blütenpracht nur einen Tag. Das tut ihr in ihrer Wirkung und Erfüllung keinen Abbruch.

So wie sie, blüht und reift unser Leben dahin. Bei oberflächlicher Betrachtung fällt es schwer, messbare, dauerhafte Ergebnisse zu erkennen. Doch im vorgegebenen Rahmen hat alles seine Bedeutung und seinen Stellenwert; es ist der unverzichtbare individuelle Beitrag zu dem Ganzen. Nichts ist umsonst.

Schmerz

Der Mensch verhält sich kreatürlich. Er befriedigt in seinem Grundverhalten existentielle Bedürfnisse. Er wird in seiner Hemmungslosigkeit vorrangig nur durch gesellschaftliche Normen eingeengt. Eine Hinwendung oder Fortentwicklung zu einer allumfassenden, selbstlosen Menschlichkeit im Verlaufe der Zeitgeschichte ist grundlegend nicht zu erkennen. Insoweit steht der Mensch am Anfang! – Golgatha und Auschwitz können sich jederzeit wiederholen.

Die Alternative

Das Weltgeschehen mit seinen Licht- und Schattenseiten wird nicht von geheimnisvollen anonymen Kräften bestimmt, sondern ist im Ganzen gesehen die Summe unseres Selbst. Was wir als oft heillose Welt empfinden, spiegelt vergröbert unser eigenes Verhalten im persönlichen, beruflichen und gesellschaftlichen Bereich wider.

Hoffnungen auf eine Änderung oder Besserung können sich nur durch uns selbst erfüllen.

Aber woher sollen wir die Macht nehmen?

Durch Ehrlichkeit und Vertrauen,
durch Toleranz und Wohlwollen,
durch Hilfsbereitschaft und Verzicht,
durch Menschenliebe und Gottesliebe

muss eine allgemeine moralische Kraft aufgebaut werden, die das Böse verdrängt und der sich der Einzelne sowie Gruppen und Völker schließlich nicht entziehen können.

Diese Entwicklung erfordert große Beharrlichkeit und wird erst nach und nach Früchte zeigen. Viele Enttäuschungen werden sie begleiten. Doch am Ende wird sich dieser Weg stärker erweisen als Armeen und Raketen, die unser Leben auf Dauer nicht sichern können, sondern uns eher in den Abgrund führen.

Selbstfindung

Selbstverwirklichung

05 Uhr 30 – fad und abgeschlafft begegnen wir dem neuen Tag. Kopf und Herz sind dumpf und leer; alltägliche Routine, Schiene – keine Ziele.

Der Vorstadt-Bus bringt uns zur Arbeit, gleich müde Gestalten begleiten uns; wenig Reaktionen – wiederkehrende Stationen.

Vor dem Fabriktor werden die neuen Zeitungen verkauft, die Themen des Tages sind jetzt vorgegeben; banale Empfindungen – Verzicht auf geistige Windungen.

Vorurteile werden übernommen; Katastrophen, Krieg und Tod zur Kenntnis genommen; Einordnung in Schablonen – Gedanken, die nicht lohnen.

Am Arbeitsplatz die gleichen Griffe wie immer – wenig Schimmer; beherrschendes Gefühl – Ende des Bemühens.

Die Fernsehunterhaltung für den Feierabend ist seit Wochen vorgefertigt (Wahl zwischen vier Programmen) – Vierfach-Aufteilung der Nation als Gegenleistung für Teil vom Lohn.

In der Diskothek: Endlich Gleicher unter Gleichen, individuelle Bewegungsfreiheit – nach vorgegebenen Rhythmen; vermeintliche Befreiung durch lautstarke Musik, die nicht zur Unterhaltung zwingt; – individuelle Gefühlsempfindungen übertönend – abtötend.

Im Sportstadion: Gruppierung der Zuschauer in »schwarz« und »weiß« – Anhänger und Gegner –. Die eigene Mannschaft muss gewinnen, muss weiterkommen (gleich, ob sie auch besser ist); Ausdruck eigener Stärke, Bestätigung der eigenen Sympathie. Sieg oder Niederlage stehen auf dem »Spiel« – Emotionen werden wach –, Fußball»schlachten« werden geschlagen, gleich Ersatzkriegshandlungen.

Übrigens, man trägt wieder Stiefel ..., weite Röcke sind nicht mehr in! Standardisierung des Konsumverhaltens und der Verhaltensweisen – Anpassung – Passivität –, kein Vertrauen in die eigene Kraft! Trotz Eile – unendliche Langeweile.

Herrgott, lass uns ausbrechen, gib uns den Mut zum Anderssein. Lass uns die Freiräume erkennen und sie nutzen lernen!

Notsignale

»Tante Käthe hat dich lieb und meint es gut mit dir; du hast alles, was du brauchst!«
»Ich mag nicht! Warum musst du Geld verdienen; warum kann ich dich nicht fragen, was ich tun soll, wenn ich nicht mehr weiterweiß? Ich will den Schlüssel nicht!

Ich kann nicht mehr!
Ich bin die Beste, aber immer noch nicht gut genug; ich hasse Sport! Mein Trainer sagt, dass es nur noch kleiner Übung bedarf – das sagt er immer. Mir macht der ›Sieg‹ keine Freude mehr. Ich möchte Rad fahren, mich mit Bärbel treffen; sie geht mit Klaus in die Diskothek. Klaus sagt, dass er, seit er die Schule verlassen hat, erst zu sich gefunden hat; er konnte es nicht mehr ertragen.
Gewiss, die Eltern hatten es gut gemeint. Nur mit guten Noten bestand die Aussicht, einen guten Beruf oder gar einen Studienplatz zu erhalten. Nur auf dieses Ziel schien alles ausgerichtet. Der Kampf um ›Notenzehntel‹ begann. Die Folgen: Rivalitäten, Eifersüchteleien, Opportunismus – wenig Freude.
Ich finde, Klaus hat recht!«

Auf ein Wort hin

Du sagst, dass du mich liebst –
ich glaube dir und fühle mich glücklich.

Du sagst, dass du mich nicht verlassen wirst –
ich fühle mich geborgen.

Du sagst, dass du für einige Tage geschäftlich verreisen musst –
ich weiß, dass du mich nicht belügst, und freue mich auf deine Rückkehr.

Du sagst, dass du meine Schwächen akzeptierst –
ich weiß, dass du mich verstehst.

Du sagst, dass du mir verziehen hast –
ich bin dankbar für den Neuanfang.

Du hast versprochen, dass du es keinem anderen sagen wirst –
ich fühle mich befreit.

Du sagt, dass du es nicht gewesen bist –
ich vertraue dir.

Du sagst, dass es nicht besser zu machen war –
wir werden es gemeinsam schaffen.

Du sagst, dass es schon gut war und beim nächsten Mal
noch besser sein wird –
du gabst mir den Ansporn und ich schaffte es.

Ich konnte es zuerst nicht glauben –
doch du meinst es, wie du es sagst.

Worte sind gewichtig; sie können verbinden und auch trennen. Sie bestimmen unser Leben mehr als Gesetze und Verträge – sind Brücken, sind das Schmalz menschlicher Kommunikation.

Der Glaube an das gesprochene Wort bedarf keiner schriftlichen Garantie. Es gründet sich auf die Annahme von Ehrlichkeit und Lauterkeit der Person.
Doch wie missbräuchlich werden diese Gaben oft genutzt –
wie unsicher sind wir geworden.

Der Weg

Für die, die sich nicht mit dem Hier und Jetzt begnügen können, ist es ein permanenter Kampf zwischen empfundener Realität und Wirklichkeit. Realität ist das, was uns umgibt, Wirklichkeit muss gesucht werden – muss sich uns erschließen. –

Das Buhlen darum zahlt sich nur im Ideellen aus; zu weit haben wir uns entfernt, von dem was eigentlich zählt. Es lohnt sich dennoch! – Utopien? – Keineswegs. Unser Leben wird ungemein bereichert, wird »lebensnäher« und ist hilfreich für die Sinnerkennung. Und wenn wir auch nur einen Zipfel dessen erreichen können, was uns »sehen« lässt, es würde uns beseelen und alles andere überwiegen.

Tragik

Es ist oft tragisch, aber dennoch nicht als ungewöhnlich anzusehen, dass unsere Persönlichkeit nach begnadeten Höhenflügen gegen Ende ihrer Zeit zerfällt; für Betroffene und ehrlich Begleitende eine grausame und schmerzliche Erfahrung.

Wir sind trotz empfundener individueller Freiheit Geführte, die einen Auftrag zu erfüllen haben, aber dabei die Balance zwischen Funktion und verführerischer Selbstherrlichkeit nicht verlieren dürfen. Wir müssen das rechte Maß erkennen, uns beizeiten zurücknehmen. Wer den Zeitpunkt der Selbstbeschränkung versäumt, wird mitunter schmerzlich dorthin zurückgeführt.

Hinterlassenschaft

Irgendwann im Leben, in der Phase des Strebens und der Selbstverwirklichung kommt man ins Grübeln, was von allem bleiben wird: Fakten, Zahlen, oder nur persönliche Erinnerungen. Manches wird sich in Schall und Rauch auflösen. Jeder setzt in seinem Leben Prioritäten. Sie sind vielfältig bedingt durch Veranlagung und gegebene Möglichkeiten. Es lässt sich kein Schema, kein »Nenner« ausmachen, der zielgerichtet zu persönlichem Glück und zur Zufriedenheit führen könnte. Wir werden vielleicht feststellen, dass vieles, was uns umgetrieben hat, nicht den Stellenwert an Substanz und Dauerhaftigkeit hat. Alles lässt sich nicht immer so steuern – wir sind Getriebene. Doch sollten Gelegenheiten der Besinnung nicht ungenutzt verstreichen.

Rechenspiele

Die sture Fixierung auf Börsendaten oder Ähnliches kann auch dazu führen, dass das eigentliche Leben an einem vorbeigeht. Was bedeuten schon einige Nullen plus oder minus, wenn am Schluss eine ganz andere Rechnung präsentiert wird? Der »Spielfreude« ist vielleicht Genüge getan, doch sonst – alles »wertlos«? Bei der »Aufrechnung« wird unsere Arithmetik nicht verstanden; nach ganz anderen Maßstäben wird gezählt werden. Schade, nach all den Mühen und Aufregungen; – oder »Gott sei Dank«.

Grenzgänge

Analyse

Die Menschheit befindet sich, wenn sie sich auf Humanität berufen wollte, in einem embryonalen Zustand. Wir sind von den diesem Begriff zugeordneten Attributen weit entfernt.

Die Nachbarschaft zur animalischen Vergangenheit ist unverkennbar. Es wird dauern – nach unseren Zeitmaßstäben noch sehr lange. Doch im Zeitablauf ist das, was wir sind und wollen, nicht ohne Bedeutung.

Zeitraffer

Außergewöhnlichkeiten – »Hits« – haben ihre Zeit. Sie profitieren von der jeweiligen Zeitbefindlichkeit und lassen sich in aller Regel nicht wiederholen. So, wie sie sich spontan einstellen, verflüchtigen sie sich auch und seien sie noch so euphorisch.

Es gibt nichts Bleibendes – und wenn überhaupt, ist es die Erkenntnis, dass alles kommt und alles geht.

Die Option

Wissenschaft und Philosophien haben sicher dazu beigetragen, Strukturen und Abläufe unseres Daseins deutlicher zu machen. Sie sind aber nicht in der Lage gewesen, uns auf Glückseligkeit orientierte Wege und Verhaltensweisen aufzuzeigen. Wir bleiben auf »Pfadfinderschaft« begrenzt. – Im Elementarbereich haben wir beachtliche Fortschritte erreicht. Wir könnten uns zurücklehnen und es uns gut gehen lassen, wie es ja auch vielfach geschieht. Doch die uns aufgetragene Doppelfunktion stört uns dabei. Der Homo sapiens hat einen Status erreicht, über unseren Tellerrand zu blicken. Diese Option ist mit Zweifeln und Irritationen verbunden, aber auch mit dem Glücksgefühl der Teilnahme an der Erhabenheit des Weltganzen.

Kosmographie

Alles – Raum und Zeit, Körperlichkeit – ist ausgefüllt mit Sein; es gibt kein »Nichts«, »Nichts« ist eine Empfindung, ist nicht real.

Alles, was uns ausmacht und uns umgibt, ist Teil des Weltalls; es ist sowohl Ursprung als auch Verknüpfung mit ihm.

Es ist vorstellbar, dass die Materie des Universums bei entsprechender Konstellation und in unendlichen Zeiträumen die uns bekannten auf der Erde gegenwärtigen Lebensformen hervorbringen kann. Materie im Universum scheint also nur eine andersartige Lebensform zu sein und austauschbar. Dies kann sich nur in Äonen vollziehen.

Es ist unsere kurze »Messlatte«, die uns selbst für so wichtig und für den Mittelpunkt der Welt hält, das nicht zu erkennen.

Nichts währet ewiglich

Wie ist unser Leben zu verstehen? – Unsere zeitliche Begrenztheit ist offenkundig, wird aber nicht so wahrgenommen. Anfang und Ende des Lebens sind intellektuell erfassbar. Sie werden aber durch den elementaren Drang auf Selbstverwirklichung in ihrer Realität verdrängt. Es wäre auch unfair und destruktiv, wollte man unser Leben nur vom Ende her betrachten. – Etwas Nachdenklichkeit könnte dennoch nicht schaden.

Leben und Wiederkehr

Du, Allmacht, lässt aus Deiner schier unerschöpflichen Fülle immer wieder Neues entstehen; herrlichste Blütenträume, unersättliche Vielfalt, jedes nach seinem Gesetz. In Deiner Vollkommenheit lässt Du bisweilen Vergänglichkeit vergessen. Doch wenn die Zeit der Reife gekommen, sammelst Du alles wieder ein, auf dass von dem Ganzen nichts verloren gehe für immerwährende Erneuerung. Warum sind wir ängstlich und traurig, wenn diese Zeit gekommen, statt glückselig, so wir doch in Deinen Schoß zurückkehren?

Die Suche nach dem Sinn

Es war das Bewusstsein seiner Unzulänglichkeit, das ihn immer wieder in tiefe Depression verfallen ließ. Wo war der Sinn? – So sehr er sich auch anstrengen mochte, er wurde ihm nicht klar. Aber war ein Leben ohne Sinn möglich? – Dieser Gedanke quälte ihn bis zur Unerträglichkeit.

Mitunter glaubte er, einen kleinen Durchbruch erreicht zu haben; dann erfüllten ihn Gedanken, die in seinem Alltag so gar nicht spürbar waren, und von denen er dennoch annahm, dass sie dem eigentlichen Leben näher kamen.

Zu stark war er eingebunden in dieses Leben, das sich vorwiegend ums Überleben drehte mit all seinen profanen und oft banalen Erscheinungen. Es waren immer wieder die gleichen Stationen. – Er erkannte zwar die Notwendigkeit und Zwangsläufigkeit dieses Verhaltens an, die für das kreatürliche Leben unabdingbar schienen. Doch im Grunde seines Herzens empfand er dieses alles als dumpf und stumpf, ja unmenschlich, weil es die Sicht für das Wahre verstellt.

In diesen besonderen – leider nur allzu seltenen – Stunden, in denen er der Eingeschlossenheit des Alltäglichen entflohen war, fühlte er sich in eine Welt versetzt, in der so scheinbar wichtige Dinge zu nichtigen Dingen wurden. Es stimmte ihn traurig, dass von alledem leider so viel verloren ging.

Manchmal hätte sein Herz zerspringen mögen von all der Fülle seiner Empfindungen. In solchen Augenblicken glaubte er – bei aller Demut – die Reflektion eines allumfassenden Zusammenhangs zu erkennen; – war es ein Kinderlachen, die selbstverständliche Fürsorge, die eine Mutter einem Kinde zukommen ließ, der dankbare Blick eines Kranken über die Erfrischung seiner Stirn. – Er dachte dann, dass doch alles so einfach sein könnte. Warum ging nur so viel von dem unter, sodass es von unseren Augen nicht gesehen wurde?
Durch eine akute Erkrankung war er vorübergehend außer Gefecht gesetzt worden. Der Arzt hatte ihm strenge Bettruhe verordnet, die er – wenn auch widerwillig – so doch gehorsam einhielt. Die unerwartete Ruhe tat ihm auch in anderer Weise wohl. Die oft als unerträglich empfundene Belastung und Hektik des Alltags begann sich zu legen. Allmählich tat sich der geistige und seelische Freiraum auf, den er sich oft so sehnlich wünschte und der doch immer wieder zu kurz kam. Er ließ seine Gedanken schweifen, dachte an dieses und jenes und versuchte, sich über seine gegenwärtige Situation klar zu werden. Wozu das Ganze?, war immer wieder die Frage, und es dauerte nicht lange, und er war gedanklich wieder voll und ganz in seinem Lieblingsthema »Nach dem Sinn …« verfallen.

Warum marterte er sich eigentlich immer wieder mit diesen Gedanken, warum gab er nicht endlich Ruhe? Warum ließ er die Dinge nicht auf sich beruhen und sah sie so, wie sie ihm erschienen? Hatten nicht Abertausende vor ihm versucht, sich mit diesen Fragen ernsthaft auseinanderzusetzen, ohne den Sinnzusammenhang allgemeingültig erkennen zu können? – Gewiss gab es viele philosophische und vor allem religiöse Deutungen; doch die eine Wahrheit wollte sich nicht auftun.

Aber je mehr er darüber nachdachte, gab es überhaupt einen Sinn des Lebens, der menschlich denkbar war? Wäre es nicht für den Menschen als Geschöpf vermessen, den Gesamtzusammenhang aller Dinge erkennen zu wollen? War nicht das bisher Offenbarte im Mikro- und Makrokosmos mit all seinen Erscheinungsformen trotz allen wissenschaftlichen Fortschritts in großen Bereichen noch schier unzugänglich, ja unfassbar? Welche Dimensionen taten sich da auf zwischen Schöpfer und Geschöpf? Demut und Bescheidenheit konnten hier nur die Antwort sein!

Doch allein die Tatsache und die Leidenschaft, mit der sich menschliches Denken immer wieder auf die Frage des Seins ausrichtet, scheint die Hoffnung auf eine Erhellung unseres – sicher begrenzt bleibenden – Horizonts zu rechtfertigen.

Er versuchte auch, die immer gleiche Frage, in der zwar ihm nur möglichen unorthodoxen und unwissenschaftlichen Art – und bei aller Einfachheit des Denkens –, dennoch aus unterschiedlichen Perspektiven anzugehen.

Die ihm bis jetzt – unter dem Vorbehalt all seiner menschlichen Unzulänglichkeit – mögliche Antwort, sollte er sie auf die Frage nach dem Sinn des Lebens geben müssen, versuchte er in folgenden Zeilen zu umschreiben. Dabei schien ihm der Gedanke an die Metamorphose sehr hilfreich, und er fand zu folgenden Worten:

Unendliche Vielfalt, zeitlose Unendlichkeit –
geschlossenes System!
Heute Leben, morgen Staub –
Stein, in dem wir leben.

Wir sind nur Teil in Dir,
sind Teilchen nur im Weltenall
– heut' dies und das, heut' so und was –
und alles nach Gesetz und Ordnung.
Wir sind Du selbst, trotz eig'ner Spur,
Du führest unsere Kreise;
Du rufst zum Neuerwachen nur
am Ende unserer Reise.

Du bist das g a n z e Leben,
bist Saatkorn, Blume, Fass und Wein;
was immer war, was immer ist,
Du nennst es alles Dein.

Unerfindlicher, in Dir hat alles Platz,
doch nichts, was Du nicht schon vorher gedacht.
Ein Stück Erkennen lässt uns staunen,
in uns'rer ach so kleinen Welt;
verbirgt, dass nicht mal Morgengrauen
sich auftut, in – was Du bestellt.

So bist Du wir – und wir sind Du;
Deinen Namen nennt man auch N a t u r .

Und was ist der Sinn?

»D i e H e r r l i c h k e i t G o t t e s n a c h K r ä f t en z u p r e i s e n i n d e n u n s n a c h A r t u n d B e s t i m m u n g z u g e d a c h t e n W e i s e n !«

Stimmungen

Tag und Nacht

Tag und Nacht – o Weisheit der Natur –
Wechselspiel der Himmelsuhr.
Nach fester Norm teilt ihr die Zeit
durch Licht und Dunkelheit.

Das Licht steht für die Fruchtbarkeit –,
birgt Wachstum, Kraft und neue Taten.
Zur Reife braucht's die stille Zeit,
sie ist nicht nur ein Warten.

Der Tag erwacht mit neuer Kraft
und neuer Chance zum Bessermachen.
Was gestern nicht in Deiner Macht,
vielleicht kannst Du es heute schaffen.

Der Tag lässt auch genügend Zeit,
das täglich Brot Dir zu erwerben;
er gibt zugleich Gelegenheit,
Dich stets aufs Neue zu bewähren.

Doch aller Drang und alles Streben
dient nicht nur dem Selbsterhalten;
Du gehst auf vorbedachten Wegen,
dazu bestimmt, Dich selber zu gestalten.

Was Du in rechter Weise tust,
das hebt Dich an und macht Dich froh.
Das Glück, das Du woanders suchst,
hat nicht Bestand und scheint nur so.

Die Nacht – sie legt den sanften Schleier,
deckt alle Sorgen zu;
sie macht von Kummer freier,
bis dass der Schlaf Dir schenkt die Ruh'.

Der Hader mit Dir selbst, dass Du es nicht geschafft,
nimmt ab, mit Hoffnung auf den neuen Tag.
Die Ruhe gibt Dir neue Kraft,
möcht' sein, dass alles nicht so schlimm sein mag.

Der Schmerz, den man Dir zugefügt, wird milder;
es tut Dir leid, dass Du dem andern weh' getan.
Doch mehr und mehr verblassen Deine Bilder,
und bald fängst Du zu träumen an.

Ob Freud', ob Leid und Ungemach,
Du kannst die Augen schließen;
und tröstlich, dass nach dunkler Nacht
ein neuer Tag Dir wird ersprießen.

Tag und Nacht, ihr seid die Wacht,
dass Auf und Ab erträglich bleiben;
ihr steuert huldvoll unsere Kraft
im Lachen wie im Weinen.

So bietet sich in weiser Absicht
Dir Tag für Tag ein Neuanfang.
Durch Einsicht und Vergebung,
Vergessen, Trotz und Scham
fängt stets für Dich von neuem
ein kleines Leben an.

Du kannst Dich stetig prüfen,
ob Du dabei auch recht getan;
kannst nach Bedarf Dich korrigieren
und fängst zur Not von vorne an.

Nachtgebet

Schwer senkt sich die Nacht hernieder
nach des Tages Hast und Sorgen;
bringt Entspannung Deinen Gliedern,
doch die Hoffnung auch auf morgen?

Hatt'st begonnen schon beizeiten
und auch manches Stück erreicht;
doch zur Besinnung, die befreite,
ließ der Tag Dir keine Zeit.

Unentwegt trieb es Dich weiter,
fandest keine Zeit zur Muße;
kamst nicht weiter auf der Leiter,
die Dich führt auf höh're Stufe.

Mühtest Dich zwar mit Erfolg,
noch zu mehren den Gewinn;
Macht und Geltung im Verfolg,
fesselten den Sinn.

Ach, wie schad', dass im Getriebe,
nicht erreichte Dich, was zählt –
Funken von der Gottesliebe,
noch so klein und doch vermählt.

Hier die Hand, die nach Dir griff,
suchend Hilfe in der Not.
Dort Erbarmen, statt Vergeltung –
Verzeihung, die auch Dir sich bot.

Schenktest Du auch Achtung denen,
die beteiligt an dem Ganzen?
Manche wollen das nicht sehen,
gelten lieber noch als Schranzen.

Gabst Du Liebe nun auch denen,
für die Du Dich so »abgetan«?
Frau und Kind stell'n sich die Frage:
»Wann fängt denn das Leben an?«

Und Du selbst – – – –?
Sahst Du nicht den Schmetterling
in dem bunten Kleide?
Gott erschuf ihn auch für Dich,
Dir zur Augenweide!
Und den Zeisig – wie er piept –?!
Verkündet ohne Unterlass,
Gott, dass es Dich gibt!

Es wär' auch noch der süße Ton,
den ein Mensch für Dich ersann;
alles nur um Gotteslohn
und auf dass er Dich entspann.

Und hat sich nun bei Dir erhellt,
dass jeder Tag, der Dir geschenkt,
viel größer ist, als Du ihn kennst,
dann ist das Nachtgebet gesprochen,
kannst friedlich schlafen
– und auch hoffen.

Die Zeit

Gott, der zeitlos und unendlich,
gab dem Geschöpf die Zeit,
auf dass ihm Orientierung sei.
Doch Zeit bedeutet Endlichkeit –
Zeit ist eine Kostbarkeit.

Gott setzt ihr auch den Rahmen –
durch Tag und Nacht,
durch Monde und Gezeiten;
gab jedem Wesen seine Uhr,
auf dass sie ihn begleite.

So lebt denn alles dieser Zeit:
die Zeit des Werdens und Entstehens
die Zeit der Reife und des Vergehens
die Zeit der Kraft und Zweckbestimmung
die Zeit der Liebe und Erfüllung
die Zeit der Glanzes und der Muße
die Zeit der Trauerns und der Buße
die Zeit der Hoffnung und der Wehmut
die Zeit der Trostes und der Demut

die Zeit der Gnade und Besinnung
die Zeit der Neubestimmung.

Die Zeit gestaltet,
gibt Form und Festigkeit;
die Zeit beweist das Wahre,
korrigiert die Flüchtigkeit.
Die Zeit verbindet,
ist Brückenschlag zu Heut' und Morgen –
wenn Du Erfahrung suchst,
sie lässt auch bei sich borgen.
Die Zeit lässt alles mit sich machen,
nimmt alles in sich auf,
ist offen für Veränderung
und nimmt doch ihren Lauf.

Die Zeit rennt mal zu rasch dahin,
wenn wir verweilen möchten
und ängstlich ihr entgegensehen;
mal tritt sie gleichsam auf der Stelle,
wenn wir etwas herbeiersehnen.

Doch unbestechlich läuft die Uhr,
nicht langsam und nicht schneller,
– sie drängt Dich nicht,
verschenkt sich nicht –,
kennt keine Hast und keinen Stillstand
und lässt genügend Zeit für alles. –
Wenn's dennoch anders Dir erscheint –
an ihr liegt's nicht,
wenn Du das rechte Maß verloren!

Drum ein's zum Schluss:
Versäum' sie nicht,
die Zeit, die Dir gegeben,
– sie ist Dein Leben –,
und Du gestaltest mit die Zeit.
Es ist an Dir,
der Zeit Dein Teil zu geben,
für Hoffnung auf ein menschlich Leben.

Träume

Auf sanften Flügeln schweben
lautlos mit leichten Schwingen – Gedanken,
überbrücken lichtschnell Zeiten und Räume,
flechten heimlich verschwiegene Träume.

Träume machen Sehnsüchte wahr,
machen mutig und stark,
überwinden Schwellen und Mauern –
versetzen Berge;
machen den Schwachen zum Riesen,
den Mächtigen zum Zwerge.

Träume machen uns Angst,
peinigen und erdrücken uns –,
nehmen Fesseln von uns ab,
entzücken uns.

Liebevoll streichelnde Hände
erheben uns, stoßen uns zurück –
drängen uns, martern uns,
befreien uns und bringen Wende.

Träume lassen Blumen erblühen
und Reichtum in Hülle und Fülle,
bereiten Wohlklang und Harmonie
und unendliche Stille;
erlösen uns am Morgen –
und bleiben verborgen.

Fiktionen

Der Musikant

Großstadtgetriebe, 8.30 Uhr, Verkehrsampel – – –. Ein altes, verknittertes Männlein mit schlohweißen Strähnen steht wohlgemut am Straßenrand. In der einen Hand hält es ein Bündel, in der anderen Hand einen Gegenstand, der sich bei näherem Hinsehen als eine Mundharmonika erweist.

Je konzentrierter sich die Sinne auf jene Begebenheit ausrichten, vernimmt man zackige Marschmusik. – Der Musikant scheint auf keinerlei Zuhörerschaft ausgerichtet zu sein; und damit kann seine Geschichte beginnen.

»Wohin des Weges?«, so fragt sich der Betrachter.
Unseren »Musikanten«, früh aufgestanden von seiner spartanischen Schlafstatt und fröhlich trällernd wie ein Vogel, der sich leicht und unbekümmert in die Lüfte erhebt, um seine Nahrung zu suchen, führt – wie zu kombinieren ist – der Weg zum Sozialamt. Dort soll ihm sein amtlich errechneter und nach öffentlichen Gesetzen einklagbarer »Sozialunterhalt« ausgezahlt werden.

Der so wohlgestimmt seine »Futterstelle« ansteuernde Musikant hatte ein im Großen und Ganzen ehrenwertes, wenngleich glückloses Leben geführt. Ohne näher auf seine Physiognomie eingehen zu müssen, ließ sein Äußeres Spuren eines harten Lebenskampfes mit Höhen und Tiefen erkennen. Sein heiteres Antlitz sowie seine äußere Fröhlichkeit ließen jedoch erkennen, dass sein Lebensresümee – ungeachtet vermeintlicher gesellschaftlicher Betrachtungsweise – zum Positiven ausschlug. Er hatte schließlich sein Leben lang gearbeitet und sich im Wesentlichen gegen Staat und Sitte wohl verhalten. Wenn ihm nun trotz Alters nach staatlichen und gesellschaftlichen Regeln eine angemessene Altersversorgung »vorenthalten« wurde, war ihm dies zwar unverständlich, konnte ihn jedoch nicht entmutigen. Gesellschaftliche Vorbehalte konnten ihn nicht berühren; solche Empfindlichkeiten hatte er, um existieren zu können, längst abgestreift. Schließlich hatte die Erde Brot für alle!

Was ihn berührte und ihn ausfüllte, war die Erinnerung an sein Elternhaus und an seine Jugend. Es war hart und einfach zugegangen in der Familie. Die Zeiten waren schlecht, zahlreiche Mäuler mussten von dem kargen Lohn des Vaters gestopft werden, große Sorgen waren zu bewältigen gewesen. Dennoch hatten alle ein fröhliches Herz gehabt.

Er erinnerte sich, wie sie abends in der Dämmerung vor dem Hause gesessen hatten und Vater dann die Mundharmonika geholt und fröhliche Weisen gespielt hatte. – Dessen konnte und wollte er sich erinnern, womit manches Unbehagen und Entbehrungen früherer Jahre natürlicherweise überdeckt wurden.

Die frühmorgendliche Begegnung hatte den Betrachter, der sich – streng ausgerichtet und nicht ganz los von existenziellen Gebundenheiten – auf dem Weg zu seiner alltäglichen Arbeit befand, ein wenig nachdenklich gestimmt. Wie hatte es doch geheißen? – »Brot für alle hat die Erde«, dieser Satz drückte eine gewisse Leichtigkeit und Ungestörtheit aus. – Ob das Zusammentreffen mit dem Musikanten dazu beitragen würde, alles etwas entspannter und weniger verkrampft zu sehen? Vielleicht war es ein Zeichen, das nur aufgenommen werden wollte.

aus Josef Behlert, »Impressionen und Fiktionen«,
ISBN 3-934998-05-4

Totengräber Brauckmann

Er übte dieses Amt nunmehr schon seit mehr als 30 Jahren aus. Sogleich nach Ende des Krieges, als man damit begann, zunächst die vordringlichsten Dinge zu ordnen, war die Gemeinde an ihn herangetreten, und hatte ihn gebeten, doch diese Aufgabe zu übernehmen.

Nun war er für diese Tätigkeit von zu Hause aus keineswegs prädestiniert. Seine beruflichen Interessen hatten eigentlich ganz woanders gelegen, doch der Krieg mit seinen vielfältigen Folgen hatte so manchen Traum zerstört. »Neuanfang« war die Devise für die meisten Bürger, wobei für ihn die Existenzfrage die ausschlaggebende Rolle gespielt hatte.

Für die Gemeinde jedenfalls genoss er das Vertrauen, das man mit diesem Amt verknüpfte. Er war ein biederer Handwerksmeister, dem allseitige Achtung zuteil wurde. Er hatte es auch in den zurückliegenden schlimmen Jahren verstanden, seinem Standpunkt treu zu bleiben, ohne Freund und Feind zu verletzen.

Anfänglich war ihm die nahe Bekanntschaft mit dem Tode nicht leicht gefallen. Doch er gewann mit der Zeit den Abstand von dem, was ihn nun beruflich umgab, ohne jedoch die seinem Gemüt innewohnende Anteilnahme zu verlieren.

Äußerlich erschien B. einfach und etwas grobschlächtig. Seine Züge wirkten kantig und gebieterisch, seine Erscheinung insgesamt jedoch ehrwürdig. Er führte sein Amt mit strengem Gehabe. Er bestimmte den Ablauf, das Ritual, nach dem sich alles zu vollziehen hatte. Sein herber, entschlossener Gesichtsausdruck festigte seine Stellung und kam ihm bei seiner Aufgabe zugute, sodass Widerspruch in aller Regel als aussichtslos aufgegeben wurde.

B. war unumschränkter Herrscher in »seinem Totenreich«. Er kannte fast alle mit Namen, und das nicht erst, seit sie ihm »überantwortet« waren. Dazu kam natürlich eine viel weitergehende Kenntnis der persönlichen Verhältnisse der Betroffenen. Schließlich war die Gemeinde, in der er lebte, von der Größe und der Zahl ihrer Einwohner überschaubar geblieben, sodass einer am Leben des anderen teilnehmen und insofern auch nicht viel verborgen bleiben konnte. Er kannte daher fast alle, die zu ihm kamen, schon viele Jahre, wusste um ihre gesellschaftliche Stellung, ihre Einschätzung unter den Mitmenschen, wusste um ihre offenkundigen, mitunter auch heimlichen Schwächen. Die jahrelange Ausübung seines nicht alltäglichen Berufes hatte in ihm auch eine eigene Philosophie über Leben und Tod entwickelt.

Zahllos waren inzwischen die Fälle, in denen er seines Amtes walten musste, reich die Ernte, die auf dem Gottesacker eingebracht wurde. Alle Gruppen waren vertreten:

Jung und Alt, Reich und Arm – so, wie der Herr sie gerufen hatte. Wie viel Trauer und Schmerz hatte er mitempfinden müssen, wieviel echte Anteilnahme, ja Verzweiflung waren sichtbar geworden.

Seine jahrelange Tätigkeit hatte jedoch auch sein Gespür geschärft, sodass er sehr wohl zwischen echter Trauer und oberflächlicher Anteilnahme zu unterscheiden wusste. Es störte ihn auch nicht mehr, dass in den Abschiedsworten der Trauernden über den »Dahingeschiedenen« meist nur Gutes gesprochen wurde. Warum eigentlich auch nicht diesen Abgang, wo doch das Leben mehr oder weniger sowieso schwer genug gewesen war?

Am besten gefielen ihm immer noch die Nachrufe, die sich in ihren Worten kurz und einfach mit Leben und Tod als natürliche Bedingung befassten. Wer wollte schon das »Warum« und »Geradejetzt« ergründen, wenn die junge Mutter plötzlich ihrer Familie entrissen wurde, wenn der junge hoffnungsvolle Sohn durch Unglücksfall für immer seinen Eltern und Freunden genommen war? Hier half nur Gottergebenheit! Was bedeuteten schon in dieser Stunde der berufliche Werdegang und die besonderen Leistungen des Verstorbenen bei seiner Firma oder seinem Verein? Wie unwichtig waren doch all diese Dinge plötzlich geworden? Er war jedoch auch tolerant genug, diese Reputation auf das irdische Leben hinzunehmen, zumal die Gewichtung schließlich einem anderen vorbehalten blieb.

Jedenfalls war durch die »Überstellung« der Betroffenen in seinen Bereich zunächst einmal die Nüchternheit eingetreten, die wahre Bewertung erst möglich macht. Weggenommen sind in diesem Augenblick dann alle Privilegien, Machtpositionen, schillernde Fassaden und vermeintliche Unersetzbarkeit. So die Schwelle überschritten ist, treten Befreiung, Stille und Fügsamkeit ein. – Wie ist es möglich, angesichts ständiger Konfrontation mit dem Tode diese Dinge nicht zu sehen und daraus für die Vermenschlichung unseres Lebens die notwendigen Schlüsse zu ziehen?

Weil dem aber offenkundig nicht so ist, war für B. damit die Sache nicht abgetan. Er hatte seine eigenen Maßstäbe. »Neuzugänge« wurden daher in seiner »Gemeinde« gemäß seiner Einschätzung und Beurteilung aufgenommen und ihnen der entsprechende Platz »zugewiesen«. Er hatte sich hierfür eine gewisse Ordnung zurechtgelegt. So fand er, dass die Ruheplätze im Zentrum des Friedhofs – gleich dem »Mittelpunkt« im Kosmos wie auch der »Mitte« im sonstigen irdischen und geistigen Leben – besonderen Vorzug genossen. Das Umfeld gruppierte sich natürlicherweise nach den von ihm festgelegten Abstufungen, wobei »besonders schwere Fälle« damit zu rechnen hatten, ihre letzte Ruhe in Nähe der Friedhofsmauer verbringen zu müssen. Sein Maßstab für Wertigkeit bestimmten nicht Stellung und Macht, sondern – einfältig wie er war – ausschließlich die Menschlichkeit. Dabei kamen ihm Begriffe wie »Gottesliebe« und »Menschenliebe« und die »Acht Seligkeiten«, die ihm schon in frühester Jugend gelehrt worden waren und die auf ihn so starken Eindruck gemacht hatten, immer wieder in den Sinn, und nach denen er versuchte, sein Handeln auszurichten.

Kurzum, er nahm gelegentlich – je nach Lage des Falles – Einfluss auf den Platz der Grabstätte sowie auf die Zuordnung der »Nachbarschaft«. Er stellte sich vor, dass die in Gott Entschlafenen auch dereinst den »Himmelswagen« in der Reihenfolge besteigen sollten, die sie sich durch ihre Lebensweise und Haltung auf Erden verdient hatten. Dabei wollte er für alle Fälle denen, die sich nach seinem Dafürhalten durch besondere menschliche Größe ausgezeichnet hatten – mochten sie auch noch so ein kümmerliches Leben geführt haben –, die ersten Plätze sichern.

Die »Startbahn« zu diesem letzten Unternehmen konnte er sich nur auf dem großen Platz unmittelbar neben der Trauerhalle, die sich inmitten des Friedhofs befand, vorstellen. B. glaubte, damit auch in seinem Bereich eine gewisse »irdische Ordnung« herbeigeführt zu haben. – Ob ihm allerdings dieser eigenmächtige Eingriff in die »Gottesgerichtsbarkeit« honoriert werden wird, dürfte sich erst zeigen, wenn er eines Tages »seinen« Platz zugewiesen bekommt.

aus Josef Behlert,
»Impressionen und Fiktionen«, ISBN 3-934998-05-4

»Es war einmal ...« (ein modernes Märchen)

Es war einmal vor langer, langer Zeit, da führten die Menschen auf der Erde ein paradiesisches Leben. Gott hatte den Menschen gegenüber aller anderen Kreatur mit besonderen Gaben ausgestattet. Er konnte sich allem, was ihn umgab, bedienen – es sich »untertan« machen. Diese nur in ihm begründeten Fähigkeiten führten durch Erfahrung, Training, Ausbildung zu vorher nicht geahnten Möglichkeiten.

Die Menschen lebten in festen Behausungen – vorwiegend aus Stein und Glas. Sie boten Schutz gegen die Unbilden der Natur und vor anderen Gefahren. Die Wohnstätten waren hell und licht und waren mit beachtlichem Komfort ausgestattet. Bei Dunkelheit konnte das Tageslicht durch Bedienung eines kleinen Schalters durch künstliche Beleuchtung ersetzt werden. Sauberes kaltes und warmes Trinkwasser wurde nach Bedarf unbegrenzt bis in die höchsten Stockwerke aus installierten Zapfstellen gespendet. Schmutzwasser und Fäkalien wurden über verdeckt angebrachte Rohrleitungen in die allgemeine Kanalisation geleitet. Die Wärmeregulierung erfolgte automatisch. Im kältesten Winter konnten in den Räumen per Knopfdruck sommerliche Temperaturen erzeugt werden. Für manche Räume bestand sogar die Möglichkeit, im Sommer umgekehrte Wirkungen zu erzielen. Die Menschen schliefen nachts auf weißüberspannten gefederten Matratzen und deckten sich mit Daunenbetten zu. Sie hatten Maschinen, mit denen Staub und Schmutz gesaugt wurden; andere, die Wäsche und Geschirr reinigten. In Behältern und Schränken konnten für lange Zeit Vorräte gesammelt und mit entsprechender Temperatur haltbar gemacht werden.

Die Produktion von Lebensmitteln ging regional aufgrund intensiver Kultivierung des Bodens und großräumiger Bestellung längst über den eigenen Bedarf hinaus ins Unermessliche. Es herrschte mancherorten permanenter Überfluss. Alle Früchte der Erde standen jederzeit zur Verfügung. Zeitweise wurden sogar Lebensmittel vernichtet, um die Preise stabil zu halten. – Mit Hilfe der Technik und Automation wurden körperliche Arbeiten zunehmend erleichtert bzw. gar auf ein Minimum beschränkt. Die Arbeitszeit selbst, die für den Lebensunterhalt aufgewendet werden musste, nahm beständig ab, sodass dem Einzelnen immer mehr Freizeit zur Verfügung war, die er für sich nutzen konnte. Über viele Wochen des Jahres waren die Menschen ganz von der Arbeit freigestellt und konnten bei vollem Lohn sich gütlich tun. Allgemeine Regelungen schützten sie vor materiellen Einschränkungen in Krankheitsfällen. Durch Vorsorgeeinrichtungen wurde auch das Leben in Zeiten ohne Erwerbstätigkeit in adäquater Weise sichergestellt. Arbeitsausfall wegen schlechter Witterung wurde materiell entschädigt.

Das Gemeinwesen war wohlgeordnet. Kinder wurden in der Regel in sterilen Häusern zur Welt gebracht und sogleich medizinisch versorgt. Die Mutter konnte nach angemessener Zeit – so gewünscht – wieder ihrem Beruf nachgehen, während soziale Einrichtungen die Betreuung des Kindes fortsetzten. Eine vollzeitliche Schule und Ausbildung der Kinder war allgemein geregelt. – In so genannten Demokratien war jeder Einzelne an der Willensbildung für das Gemeinwesen beteiligt. Er ließ durch Beauftrage seines Vertrauens seine Rechte wahrnehmen.

Ein allgemeines Recht galt für jedermann und schützte den Einzelnen vor Machtmissbrauch und unrechte Behandlung anderer. Die Menschen waren frei und im Allgemeinen keinen Zwängen ausgesetzt, soweit nicht im Interesse des Gemeinwesens geboten.

Die physischen Möglichkeiten der Menschen waren körperspezifisch begrenzt. Durch ihren Intellekt und ihre geistige Befähigung waren ihnen jedoch ungeheure, überdimensionale Kräfte erwachsen, die sie allen anderen Lebewesen überlegen machten. Ihre Jagd- und Zerstörungsfähigkeit ließ den Beutezielen aufgrund der technischen Möglichkeiten kaum eine Chance. Sie konnten sich zu Lande und zu Wasser magisch mit beträchtlicher Geschwindigkeit ohne eigene Kraft fortbewegen und mit Schallgeschwindigkeit die Lüfte durchqueren. Über Tausende von Kilometern standen sie in Hör-, Seh- und Sprechverbindungen. Sie konnten bei Dunkelheit sehen, speicherten – jederzeit abrufbar – ihre Gedanken und Mitteilungen auf Papier oder elektronisch und besaßen riesige Denkmaschinen.

Physikalisch längst Vergangenes konnte in Bild und Ton lebendig gemacht werden.

Die Menschen hatten gegenüber früheren Zeiten – vor allem was ihr äußeres Dasein anging – ungeheure Fortschritte gemacht. Durch Erfahrungen und Grundlagenforschung auf fast allen Gebieten war ein Kenntnisstand erreicht worden, mit dem physische Daseinsvorsorge in weiten Bereichen optimal gestaltet werden konnte. Die Menschen waren aufgeklärt und erkannten Zusammenhänge, handelten in der Gesamtheit rational.

Diese Entwicklung hatte fast alle Gebiete erfasst und verlief zum Teil in sprunghaften Kettenreaktionen. So konnte durch biologische und chemische Erkenntnisse das Wachstum der Pflanzen und Tierwelt so beeinflusst werden, dass die Sorge um ausreichende Ernährung im Bewusstsein der Menschen verkümmerte. Dagegen galt die Sorge auf diesem Gebiet in bestimmten Regionen eher der Überproduktion.

Aufgaben, für die früher hoher körperlicher und geistiger Einsatz notwendig waren, wurden durch zum Teil geheimnisvoll anmutende »Roboter« und große »Denkmaschinen« erledigt. Menschliche Arbeitskraft wurde immer weniger benötigt. Vieles lief scheinbar von selbst. Ein ungeahnter materieller Wohlstand war weit verbreitet.

Die Erkenntnisse in der Medizin waren weit fortgeschritten. Viele Krankheiten, die vormals sicheren Tod oder langes Siechtum bedeuteten, konnten geheilt werden. Ja, zum Teil war es schon möglich, untaugliche oder kranke

Organe durch andere oder durch technisches Gerät zu ersetzen. Durch allgemeine Hygiene und Aufklärung konnte Erkrankungen vorgebeugt werden. Mittels der Möglichkeiten auf dem Gebiet der Früherkennung waren sogar Krankheiten und Schäden am ungeborenen Leben beeinflussbar.

Sie nannten es »Mikroelektronik« – eine Wissenschaft, mittels der millionenfache Informationen auf kleinsten Bausteinen gespeichert und von dort in Bruchteilen von Sekunden mit ungeahnter Rasanz abgerufen und eingebracht werden konnten und zu deren Speicherung man früher großer Lagerhäuser bedurft hätte. Zu verstehen war das Ganze – wie vieles andere – nur noch von wenigen Eingeweihten, so genannten Spezialisten.

Diese riesige, schnell zugängliche Informationsfülle erschloss ungeahnte Möglichkeiten, die auf fast allen Gebieten vielfältig genutzt werden konnte. Hierzu zählten die Versuche – und auch Erfolge – bei der Bekämpfung und weitgehenden Ausschaltung schädlicher Einflüsse in den meisten Lebensbereichen; hierzu zählten Meeresforschung, Unterwasserfahrten, ja sogar bemannte Raumfahrten zu anderen Himmelskörpern. Mittels Raketen konnten so genannte Satelliten in den Weltraum verbracht werden, die dort wissenschaftliche Daten erfassen und vermitteln konnten. So konnten unter anderem mit dieser Technik Großwetterlagen erkannt und weitergegeben werden, wenngleich sich hier die Natur – was die Voraussagen anbetraf – oft doch noch als recht eigenwillig erwies. Durch sie wurde eine allgemeine Transparenz hergestellt, sodass Geheimnisse immer schwerer zu verbergen waren.

Leider dienten diese Möglichkeiten in erster Linie dazu, militärische Vormachtstellungen auszubauen oder zu festigen, da die Herrschenden von scheinbar unüberwindbarem Misstrauen geplagt wurden. Wenngleich die wissenschaftliche Forschung in vielen Bereichen ungeahnten Fortschritt bewirkte und die Lebensumstände verbesserte, war die Chance des gesicherten Überlebens nicht größer geworden. So waren auf allen Seiten riesige Waffenarsenale und Vernichtungspotentiale aufgebaut, die alle Lebensräume um ein Vielfaches vernichten konnten. Auch auf anderen Gebieten wurde wissenschaftliche Erkenntnis missbräuchlich verwendet.

Die Menschen waren, was ihr kommunikatives Miteinander betraf, nahe zusammengerückt. Ereignisse von allgemeinem Interesse – auch aus den fernsten Regionen – wurden per Funk und Bild in Sekundenschnelle über den ganzen Globus geschickt. Am gesamten Weltgeschehen konnte fast zeitgleich teilgenommen werden.

Diese Informationsfülle verstärkte auch den Reiz, das, was in früheren Zeiten nur durch Vermittlung einiger Weitgereister zugänglich gemacht werden konnte, aus eigenem Erleben kennenzulernen – fremde Länder, fremde Sitten. Die zur Verfügung stehende Freiheit, der allgemeine Wohlstand sowie technische Mobilität zu erschwinglichen Preisen förderten einen Massentourismus. Millionen von Menschen begaben sich Jahr für Jahr mittels Auto, Schiff oder Flugzeug auf Reisen bis in die fernsten Länder. Dieses Verhalten der Menschen war bereits zu einem beachtlichen Wirtschaftsfaktor in der Gesellschaft aufgestiegen.

Ohne dass die Physiognomie der Menschen sich rein äußerlich verändert hatte, waren die ihnen sich erschließenden Möglichkeiten ins Unermessliche gestiegen. Durch ihre technischen und geistigen Fähigkeiten waren ihre »Arme« länger, ihre »Füße« schneller, »Augen, Ohren und Kopf« größer geworden, sodass sie anderen Lebewesen und Artgenossen früherer Generationen als überdimensionale Ungeheuer erscheinen mussten bzw. erschienen wären. Nur ihr Herz und ihre Gefühle hatten keine Fortentwicklung genommen, ja waren mehr und mehr verkümmert. In ihrem Streben nach Macht und Reichtum wurden sie blind. Die den Menschen gegebenen Fähigkeiten und Freiheiten wurden zu einseitig genutzt. Sie hatten offensichtlich nur den Blick für das Naheliegende; dabei fehlte ihnen die notwendige Gabe der Selbstbegrenzung. Rationales Zweckmäßigkeitsdenken und der Trend zur Materialisierung aller Lebensbereiche waren vorherrschend. Der Glaube an die Unbegrenztheit der menschlichen Möglichkeiten hatte die Menschen maßlos und selbstherrlich gemacht. Ursprung und Mitte des Seins wurden aus dem Auge verloren. Die meisten frönten einer reinen Diesseitigkeit, streiften überkommene Vorstellungen ab und glaubten in Bindungslosigkeit ihre Geschicke selbst meistern zu können. Ihr materialistisches Denken und ihr auf Genuss ausgerichtetes Handeln führten zur vorrangigen Verherrlichung des Körperlichen. Das naturhafte sexuale Verhalten der Menschen wurde mit kräftiger Unterstützung der Medien im alles beherrschenden »Sexualismus« zum Selbstzweck erhoben, der mehr und mehr von Zügellosigkeit begleitet war.

Trotz aller materieller Wohlversorgtheit und der ihnen zugefallenen Freizügigkeiten schienen die Menschen dennoch nicht glücklich zu sein. Viele fühlten sich beruflich und menschlich überfordert. Innere Leere, Lebensüberdruss, ja Lebensangst waren weit verbreitet. Dies führte zum Teil zur Ausweglosigkeit und Flucht vor dem Leben. Immer mehr Menschen glaubten ihrer Situation nicht mehr gewachsen zu sein, mochten nur noch verdrängen und griffen in ihrer Verzweiflung zu Rauschmitteln jedweder Art. Sie konnten nur mit unendlicher Mühe von diesem Weg zurückgeholt werden; bisweilen war die Selbstzerstörung unaufhaltsam. Andere suchten ihre Zuflucht in so genannten Ersatzreligionen, ohne jedoch auch hier ihren inneren Frieden finden zu können.

Langsam, aber unübersehbar mehrten sich die Anzeichen, dass etwas aus den Fugen geraten war: seien es die bedrohlich registrierten Umweltbelastungen zu Lande, zu Wasser und in der Luft; sei's die Zunahme von Allergien und anderen Erkrankungen; sei's schließlich die spürbare physische und geistige Hilflosigkeit des Einzelnen gegen den Weltenstrom.

Die ungeheure Chance der Verwirklichung einer allgemeinen besseren Welt konnte von den Primaten dieser Erde trotz beachtlicher Erfolge im Äußeren nicht genutzt werden. Die so hoffnungsvoll begonnene Entwicklung verflachte mehr und mehr und kehrte letztlich zu ihren Grundmustern zurück. Das Experiment war missglückt; die Selbstherrlichkeit zerfiel. Die Menschheit war noch nicht reif, ihre Dinge dauerhaft selbst zu gestalten.

Als das alles geschehen war, erhob sich die Lerche in die Lüfte und trällerte ihr Lied. Das Erdreich begann sich unter den warmen Sonnenstrahlen wohlig zu fühlen und in den Meeren tummelten sich Fische aller Art. Alle schienen glücklich zu sein. S i e hatten ihre naturhafte Verbundenheit nicht aufgegeben und fühlten sich im Einklang und sicheren Geleit. S i e waren nach wie vor bereit zu teilen und die natürliche Ordnung anzuerkennen.

Aus Josef Behlert,
»Gespräche mit Dorothee – Erzählung«, ISBN 3-934998-03-8

Weitere Veröffentlichungen des Autors
(lieferbar über den Buchhandel oder den Verlag):

1986: **Gedanken über den Sinn des Lebens**
– Aphorismen –
ISBN 3-89228-033-9

2000: **Im Weltenstrome**
›Reise nach Upanischad‹
Aphorismen I
ISBN 3-934998-00-3

2001: **Im Weltenstrome**
›Reise nach Upanischad‹
Aphorismen II
ISBN 3-934998-01-1

2002: **Im Weltenstrome**
›Reise nach Upanischad‹
Aphorismen III
ISBN 3-934998-02-X

2003: **Gespräche mit Dorothee**
– Erzählung –
ISBN 3-934998-03-8

2004: **Kalenderblätter**
– Ein Almanach –
ISBN 3-934998-04-6

2006: **Impressionen und Fiktionen**
ISBN 3-934998-05-4

2011: **Im Weltenstrome**
›Reise nach Upanischad‹
Aphorismen IV
ISBN 3-934998-06-3

2021 **Spurensuche**
– Sichtweisen –
Aphorismen
ISBN 3-934998-07-0